Armin Täubner

Action im Schnee

Fensterbilder aus Tonkarton

frechverlag

Rasante Abfahrt

(Abbildung Seite 1)

Ca. 33 cm x 23 cm

Kleben Sie zuerst die Schnäbel an die Pinguinköpfe. Direkt daran montieren Sie jeweils die Spitze der weißen Brust-Bauch-Flächen. Es folgen der blaue Schal und die Füße. Nun können Sie die beiden Pinguine auf den gelben Schlitten setzen und die Flügel anbringen. Die Augen bestehen aus weißen Klebepunkten (ø 8 mm). Zum Schluss befestigen Sie den Schlitten mit dem munteren Duo auf der Schneefläche.

Fotos: frechverlag GmbH + Co. Druck KG, 70499 Stuttgart;
Fotostudio Täubner

Dieses Buch enthält:
2 Vorlagenbogen

Auflage: 5. 4. 3. 2. 1. | Letzte Zahlen
Jahr: 2004 2003 2002 2001 2000 | maßgebend

ISBN 3-7724-2663-8 · Best.-Nr. 2663
Druck: frechverlag GmbH + Co. Druck KG, 70499 Stuttgart

Raus in die verschneite Landschaft und rein ins Schneevergnügen! Gelassen gleiten die Eisbären auf coolen Snowboards die steilsten Pisten hinunter. Als Skispringer wollen die Pinguine hoch hinaus. Die Füchse riskieren die rasende Fahrt im Bob, manche wagen sich sogar aufs Eis. Elche machen die Hänge unsicher, Bären toben ausgelassen durch den winterlichen Wald und jagen den Schneemann. Das ist Winterspaß pur – mit Tempo und Action! Und Sie sind mit diesen fröhlichen Fensterbildern mittendrin!

– Fensterbilder aus Tonkarton –

1. Pausen Sie die einzelnen Motivteile ohne Überschneidungen nebeneinander mit Bleistift auf Transparentpapier (Architektenpapier) ab, das Sie anschließend auf einen dünnen Karton kleben. Schneiden Sie jetzt die Teile mit einer Schere oder dem Cutter (Bastelmesser) aus – so erhalten Sie Ihre Schablonen. Wenn Sie einen Cutter verwenden, brauchen Sie eine geeignete Schneideunterlage.

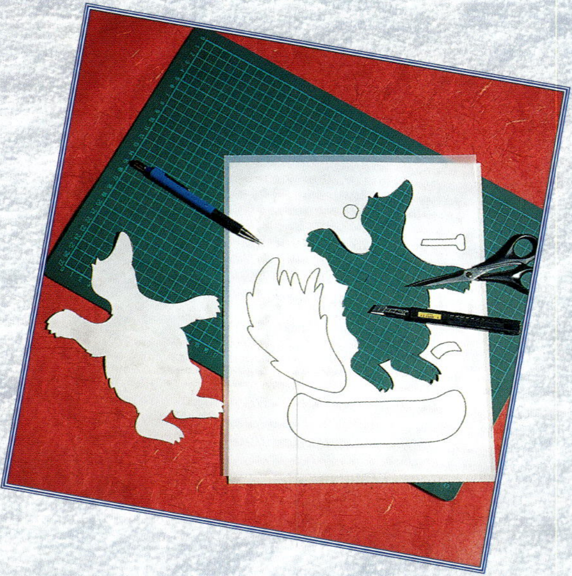

2. Legen Sie die Schablonen auf den jeweils passenden farbigen Tonkarton (siehe entsprechende Anleitung). Übertragen Sie die Umrisse sorgfältig mit Bleistift und schneiden Sie die einzelnen Motivteile aus.

– Schritt für Schritt –

3. Jetzt können Sie die Teile zusammenkleben. Die Vorlage und die Abbildung sind dabei eine gute Hilfe. Es ist leichter, das Gesicht mit Bleistift vorher zu skizzieren und es erst dann mit einem feinen schwarzen Filzstift nachzuzeichnen. Als Augen werden meist weiße Klebepunkte (ø 8 mm und 12 mm) aus dem Bürobedarf verwendet, auf die Sie – ebenfalls mit schwarzem Filzstift – Pupillen malen.

Tipps: Wenn Sie zwei exakt gleiche Motivteile ausschneiden wollen, übertragen Sie den Umriss einer Schablone auf Tonkarton und schneiden sie grob aus. Heften Sie die Schablone mit einem Tacker auf ein zweites, etwa gleich großes Kartonstück in derselben Farbe. Schneiden Sie nun den Umriss exakt nach. So erhalten Sie zwei identische Motivteile.

Sollen Vorder- und Rückseite gleich aussehen, müssen Sie die Motivteile doppelt ausschneiden und sie in der gleichen Reihenfolge, jedoch spiegelbildlich auf die Rückseite kleben.

Teamwork

Ca. 58 cm x 27 cm

Beim großen Dachs kleben Sie zuerst die schwarze Kehle und dann den weißen Kopf auf den grauen Rumpf. Es folgen der schwarze Gesichtsstreifen, die weißen Ohren, das Klebepunkt-Auge (ø 12 mm) und bei dem großen Dachs mit

schwarzem Filzstift das Gesicht. Beim kleinen Dachs wird der weiße Kopf an den grauen Rumpf gelegt und dann der rote Schal aufgeklebt.
Bringen Sie bei beiden Dachsen die Vorderbeine und die schwarzen Pfoten an. Die Hinterbeine werden mit Filzstiftlinien vom Rumpf abgegrenzt. Kleben Sie den Schnee auf die Schaufeln, geben Sie diese den Dachsen in die Pfoten und befestigen Sie sie auf der Schneefläche.

Mir geht's tierisch!

Ca. 42 cm x 24 cm

Kleben Sie an die weißen Tannen die grünen Flächen, die die Zweige darstellen. Am Bärenkopf befestigen Sie die weiße Schnauze und malen das Gesicht auf. Dann wird das weiße Brust-Bauch-Teil auf den Rumpf geklebt. Den Kopf setzen Sie leicht schräg auf. Legen Sie die beiden Tannen so nebeneinander, dass sich die Spitzen und die untersten Zweige leicht überschneiden. Nun wird der Bär dazwischen gehängt und an den vorderen Tatzen befestigt. Zum Schluss setzen Sie den Raben (Klebepunkt-Auge, ø 8 mm) auf die linke Tanne.

Ob das wohl gut geht?

Ca. 24 cm x 25 cm

Am Elchkopf werden die Geweihschaufeln, das Ohr und das Klebepunkt-Auge (ø 8 mm) befestigt. Dann bringen Sie noch den roten Schal und die schwarzen Hufe an. Mit einem schwarzen Filzstift werden das Gesicht und der Schal bemalt. Auf den Schnee setzen Sie das gelbe Snowboard mit dem blauen Rand und darauf den Elch – die Abfahrt kann beginnen!

Die Überflieger

(Abbildung Seite 12/13)

**Ca. 26 cm x 11 cm
und 13 cm x 28 cm**

Kleben Sie zuerst die Schnäbel und dann die Skibrillen an die Köpfe. Nun können die weißen Brust-Bauch-Flächen und die Schals montiert werden. Bevor Sie die Füße am Rumpf befestigen, werden diese samt Bindungen auf die Skier geklebt. Abschließend fixieren Sie die Flügel. Die Länge und Höhe der Sprungschanze passen Sie Ihrem Fenster an.

Die Überflieger

(Beschreibung Seite 10)

Paul, der Pistenschreck

Ca. 37 cm x 22 cm

Am gelben Bob werden von vorne die schwarzen Zierstreifen und von hinten die Kufen angebracht. Am Fuchskopf befestigen Sie zuerst die schwarzen Ohren mit ihrem weißen Inneren, dann Brille und Nase. Schließlich bringen Sie die weiße Brust-Bauch-Fläche und die Schwanzspitze an. Kleben Sie noch das Vorderbein an und setzen Sie den Bobpiloten in seinen Flitzer, den Sie vorher auf der Schneefläche befestigt haben.

Echt spitze drauf!

Ca. 24 cm x 21 cm
und 23 cm x 20 cm

Den Eisbären werden die Skibrillen, Ohren und Snowboard-Bindungen angeklebt. Der rechte Snowboarder erhält zusätzlich einen gelben Schal sowie das linke Vorderbein. Verzieren Sie den Schal mit roten Filzstiftlinien. Die Snowboards unterscheiden sich lediglich durch die Farbe. Befestigen Sie sie auf dem Schnee und stellen Sie die Sportsfreunde darauf.

Skihaserl, ganz fesch

Hasen: ca. 27 cm x 20 cm und 24 cm x 20 cm, Tannen: ca. 15 cm x 16 cm und 19 cm x 22 cm

Beim linken Hasen kleben Sie die rote Mütze an den Kopf, dann befestigen Sie die Ohren und den gelben Mützensaum. Am Kopf des anderen Hasen werden zuerst die Ohren und anschließend das Stirnband angebracht.

Die Augen sind Klebepunkte (ø 8 mm). Es folgen die weißen Brust-Bauch-Teile, die Skibindungen und die Skier. Danach können die Vorderbeine samt Skistöcken montiert werden.

Auf die weißen Tannen kleben Sie grüne Flächen, die die Zweige darstellen.

Gibt's was Neues?

Ca. 38 cm x 34 cm

Montieren Sie den Zaun auf der weißen Bodenfläche und bedecken Sie ihn mit den beiden Schneestreifen. Mit einem schwarzen Filzstift werden die Querbretter von den beiden Pfosten getrennt und Nägel und Holzmaserung aufgemalt.
Den Raben kleben Sie die Schnäbel, die Füßchen und die Augen (Klebepunkte, ø 8 mm) an.
Bevor Sie den Bären auf den Zaun setzen, befestigen Sie noch sein rechtes Vorderbein und die Ohren. Das Auge besteht ebenfalls aus einem weißen Klebepunkt (ø 8 mm). Zum Schluss fixieren Sie die neugierigen Raben.

Festhalten!!!

Ca. 41 cm x 22 cm

Legen Sie die weißen Dachsköpfe jeweils an den grauen Rumpf und kleben Sie die beiden Schals auf. Danach kommen der schwarze Gesichtsstreifen, die weißen Ohren

und die Klebepunkt-Augen (ø 12 mm). Ergänzen Sie noch die Vorderbeine und die schwarzen Pfoten.

Den gelben Schlitten setzen Sie in den Schnee und die frechen Dachse befestigen Sie nach Vorlage.

Ski Heil!

Fuchs auf Schneefläche: ca. 34 cm x 21 cm

Zuerst werden die Ohren am Fuchskopf befestigt. Es folgen die weiße Brust-Bauch-Fläche und die Schwanzspitze. Das Auge ist ein weißer Klebepunkt (ø 8 mm). Malen Sie das Gesicht auf.
Nun werden die schwarzen Pfoten, die Skibindungen und die Skier angeklebt. Bringen Sie zum Schluss das Vorderbein samt Pfote und zweiteiligen Skistöcken an und lassen Sie den Unglücksraben auf den Schnee purzeln. Bei den Tannen verfahren Sie wie auf Seite 19 angegeben.

...und halt die Ohren steif!

Ca. 41 cm x 39 cm

Dem Bären werden Ohren und Vorderbein angeklebt. Das Auge ist ein Klebepunkt (ø 12 mm). Nun befestigen Sie das helle Schnauzenteil am Elchkopf. Es folgen die beiden Augen (Klebepunkte, ø 12 mm) und die Geweihschaufeln. Bringen Sie die Hufe von hinten an den Läufen an.
Mit einem schwarzen Filzstift werden die Beine vom Rumpf abgegrenzt und Pupillen und Nüstern aufgemalt. Das gelbe Snowboard erhält einen blauen Rand und wird auf der Schneefläche befestigt. Der Elch kann jetzt auf sein Snowboard gestellt werden – und ab geht's!

Aller Anfang ist schwer

Ca. 21 cm x 20 cm
und 17 cm x 12 cm

Am Fuchskopf bringen Sie zuerst die Ohren an, dann malen Sie mit Filzstift das Gesicht auf. Anschließend werden die weiße Brust-Bauch-Fläche und die Schwanzspitze sowie die Schlittschuhe, das Vorderbein und die schwarze Pfote aufgeklebt.

Beim Pinguin beginnen Sie mit dem Aufkleben des Schnabels und der weißen Brust-Bauch-Fläche. Kleben Sie die Schlittschuhe auf die Füße, bevor sie am Rumpf befestigt werden. Das Auge ist ein Klebepunkt (ø 8 mm). Zum Schluss werden die Flügel angebracht.

Gleich hab ich dich!

Ca. 22 cm x 17 cm
und 14 cm x 16 cm

Der Schneemann bekommt seine Rübennase und die Strohhaare, dann wird der blaue Hut samt Stoffflicken aufgesetzt. Das Auge ist ein schwarzer Klebepunkt (ø 8 mm). Mit einem weißen Lackstift wird der Lichtreflex aufgetupft. Nun kann der Arm samt zweiteiligen Besen befestigt werden. Mit Filzstift werden das Reisig im Besen und der Nähfaden am roten Flicken eingezeichnet.
Beim Bären werden nun die Ohren und das Auge (Klebepunkt, ø 8 mm) angebracht. Mit einem roten bzw. schwarzen Filzstift werden der Mund und die Trennlinien am Rumpf und an den Beinen aufgemalt.

Immer schön cool bleiben

Ca. 22 cm x 26 cm

Befestigen Sie am Elchkopf zuerst die Schnauze und dann die Geweihschaufeln. Verzieren Sie den zweiteiligen gelben Schal mit blauen Filzstiftstreifen, bevor Sie ihn an den Elchhals kleben. Das Gesicht wird mit einem schwarzen Filzstift aufgemalt. Sind die Hufe angebracht, kann der Elch mit dem Schlitten auf der Schneefläche posieren.